LA VIDA NO FUE SUEÑO

BAJO EL PATROCINIO DE

SARAH GIRRI
Y JORGE GALLARDO

BUENOS AIRES

Juan Carlos Abril

LA VIDA NO FUE SUEÑO

COLECCIÓN LA CRUZ DEL SUR • EDITORIAL PRE-TEXTOS

MADRID • BUENOS AIRES • VALENCIA • 2026

Primera edición: abril de 2026

© JUAN CARLOS ABRIL, 2026

© DE LA PRESENTE EDICIÓN: PRE-TEXTOS, 2026

LUIS SANTÁNGEL, 10
46005 VALENCIA
WWW.PRE-TEXTOS.COM

IMPRESO EN ESPAÑA
ISBN: 979-13-88054-19-8 • DEPÓSITO LEGAL: V-827-2026

DISEÑO DE LA COLECCIÓN: ANDRÉS TRAPIELLO Y ALFONSO MELÉNDEZ
AL CUIDADO DE LA EDICIÓN: MANUEL RAMÍREZ

Viñeta: © Marco Lamoyi, *Sombra*

Impreso en Safekat S.L.

«y ha sentido tan fría soledad
que ha llevado la mano hasta su pecho,
hacia el hueco profundo de una sombra».

Francisco Brines

HACIA EL OLVIDO

TODAS mis esperanzas y mis ilusiones,
mis sueños y mis fantasías
se han convertido en un recuerdo
que se escapa, que intento descifrar
entre destellos y rumores,
sensaciones borrándose
e imágenes esquivas que disuelven
en la carne del cielo
las ascuas de un crepúsculo
morado, este esplendor perdido.

En mi tranquilidad y en mi confianza
una verdad se asienta,
una que sólo a mí me sirve
y me acompaña en esta tarde
en mi paseo solitario
hablándome a mí mismo,
un testimonio temeroso
de derramar algo, un paradigma
para yuxtaponer
su lectura suplementaria
a través del contexto,
una plantilla suelta
para instalar encima
de los que se despiden,
la lengua de la acción
y la poesía de las cosas

en una disimilitud
que no marca otra etapa,
sino la ruta que concluye.

De vuelta
en la prolongación
del camino que se desliza
y luego regresar sin resistencia
para seguir hacia adelante
en una distinción
útil vagamente, allí donde
las ruinas, las arrugas, las palabras
palidecen junto a los por ejemplo
y los tú deberías.

En contraste,
este cielo parece
que no acaba, la luz se escurre
y se escucha un zumbido
sordo, rehén de la desmemoria,
una presencia que no deja
de soñar con los ojos
abiertos, con tus ojos o los míos,
aunque soñar sea solamente
una realización
que nos convocará en lo fácil
y amplio: lo fácil no se obstruye
y viene de la mano del deseo.

La poesía va y viene,
se encuentra en lucha con la vida.
La vida nos amarga, nos agobia,
la poesía libera.

Y tú, lector, eres testigo,
mientras resuenan cerca voces
y sus ecos repiten
las cáscaras de ayer
con sus periodos reflexivos,
que se acumulan por si acaso,
mientras intentas agarrar las sombras
en vano, esas primeras sombras
de la tarde, y no el tiempo
de los objetos o del mundo
sino tu tiempo,
ese que se desgrana y es fugaz,
ese que se deshace
entre recuerdos líquidos.

Hasta ese extremo
la luz se vuelve cálida en la sombra
y contrasta con armonía.

No pretendo abarcarlo todo
y bien sé que tú puedes
decir y argumentar
una cosa y la otra
con ficciones y circunloquios

sin rumbo,
inventarte razones
y refutar ideas
en una red de túneles
del inconsciente, una organización
que indaga algo que sabe
que no va a resolver, intercalando
los capítulos suprimidos,
esa capacidad
de alusión permanente,
lo que es y lo que no.

En las horas oscuras
de la enfermedad de esta tarde,
y en algún punto de la mente,
continúa el relato
terminable en la historia
interminable de los sentimientos,
como una circunstancia
y no una condición
que recorre mi propia
fábula, igual que una aventura
sin mirar hacia atrás
y sin perder el ánimo:
ora gime el pequeño bosque,
ora te nombra la barranca, tibia
desde una vibración que evoca
los cuerpos y los rostros que he amado,
a veces fueron rostros,
a veces fueron cuerpos.

Fueron la juventud y la leyenda.

Lejos quedan los días
de la inmortalidad.
Con el cabello gris, me acerco
a través de las últimas defensas
del olvido, al olvido.

No son lágrimas desencadenando
largos dramas morales
o concesiones de una biografía
que alude a la proximidad
de las recapitulaciones,
sino una página de la objeción
de conciencia,
el rechazo del número reseco,
la negativa a acatar leyes
y órdenes, realizar servicios
o actos invocando unas causas,
aunque causes
más problemas que evitas.

Uno envejece antes de lo que cree,
trocándose en espectro,
pasando de una cosa a la otra,
como si no bastase
ir al infierno y retornar.

Participando del anhelo
extraño de partir.

Y voy a convertirme en el pasado,
me fundiré en pasado
mientras de él te liberas
y tu cuerpo se debilita
por figuras que se confunden
con los brazos casi invisibles
en actitud de súplica,
los brazos transparentes extendidos,
extendidos hacia la forma
que no ha de transformarse.

Lo que desaparece
atenuándose, frágil trazo
o contorno intangible
de reverberación.

No son vestigios
de una tradición vieja,
occidental y metafísica,
oculta entre las máscaras
del empirismo, en los preliminares
ultracongelados de la memoria
como un secreto ajeno,
mezcla de símbolos que se bifurcan,
ni tampoco el cansancio abalanzándose
fantasmagórico, con su evidencia

en la vulnerabilidad,
sino sólo signos cayendo
cuando todo se desvanece
alrededor, y cuando
los conectores alegóricos
de la piedra angular del cero
a la izquierda
tornan una vez y otra vez
sin jamás regresar del todo,
sin despedirse.

Amargo labio y turbio
cauce que delimita
la cicatriz del abandono.
No obstante, mira el cielo:
el cielo no conoce la tristeza.

De manera que nada
que no hayas elegido te define,
y una emoción no te define.

Buscaron, sí, pero no hallaron,
y soy aún
este que recuerdo haber sido,
el que lleva la mano hasta su pecho,
hacia el hueco profundo de una sombra.

En el vacío, todo
adquirirá un significado,
junto a la contención de los afectos.

Poco más, excepto que tus fóveas
apenas retendrán las impresiones
de unos instantes diáfanos
en la eternidad de la sola
jornada que viviste,
ya descatalogada.

Poco más, excepto una bruma
nocturna de inquietud.

Se diría
que más allá de los desfiladeros
sólo debe haber niebla y poco más:
la percepción inquebrantable
de los que empujan hacia arriba,
bajo presión la bóveda,
su oscuridad como un exordio,
y los que empujan hacia el inframundo
por corrientes telúricas,
aislamiento, vapores y humedad.

En vez de soñar con la vida,
preferiste vivir tu sueño.

Libre de desafíos.
Más allá incluso.

La sima
cuando los límites de tu lenguaje
marcan tus límites
y cuando los observadores
han decidido
que nunca intervendrán.

Así subrayarías
la sensibilidad gigante
que envuelve el único sentir
de una composición
sonora, ese color diverso
de una palabra que has eliminado
de tu vocabulario para siempre
y lleva del ser a la nada,
la tenebrosa nube negra
que se avecina y muda
el clasicismo del paisaje,
o esta lección de perfil bajo,
no una sentencia en contra.
El precipicio de la retirada.

Adelante. Entra, entra en el sueño:
no hay demasiado excepto niebla.

Porque el afán de aquellos días
en la penumbra se dilata.
Tu mirada lo expresa. El ojo
ha de buscar un horizonte

y desde su pupila expande
la desembocadura
de los prismáticos del desaliento
en el cuaderno de las quejas:
mirando afuera, soñando; mirando
adentro, despertando.

Antes que transformar el mundo,
habrá que transformar los sentimientos,
ese inciso que resta
en medio de dos cosas,
la nada en el final
de ese paréntesis que existe
en planos que se superponen
con sus espacios de meditación
donde se vuelcan emociones, pausas
que con serenidad invitan
a arrastrar nuestro desarraigo
desde la introspección
y la contemplación,
como si fuéramos los personajes.

Ya no hay lugar para los simulacros,
ni puedes inventar
un plan para fingir
hacia la transición del pero,
la adversativa más reveladora.

Se pierde cuesta abajo
la señal, en caída libre
de desapego y de desesperanza.

Como si se ocultase
la información en el trasfondo...

Como si todavía
algo se quedara flotando
en las segundas oportunidades...

Hasta entonces,
no dejes de soñar
con los ojos abiertos.

Una brisa dulzona
y densa transportará pólenes.
El tiempo al fin será vencido
en el código de los códigos.

NOCHE DEL ARREPENTIMIENTO

No, no.
No es el dolor de cosas
que ignoro, sino escenas del pasado
y recuerdos encubridores
como antiguos apuntes
que se enrollan igual que una bufanda
a tu pequeño yo,
tu realidad pequeña
en esta orilla
entre los juncos, claridad
de la superficie del río
en la noche, en la noche
del arrepentimiento.

El horizonte ardía.
Después el sol no se detuvo
y cayó. La última luz se extinguió.
El día se había acabado.

Estaba allí
mirando y puedo verme ahora.
Yo decidí que ese lugar sea mío.
Aquí siempre estaría
mirando la corriente, mientras fluye.

Tal vez contemples
el olvido golpeándose
a sí mismo, un martillo resonando
en bucle... Un propósito así
debe permanecer oculto
para que tenga éxito.
Y en ese itinerario
de intensidades
en las conjugaciones
y sus flujos,
fracasas antes de empezar,
pues la aventura exige
ser realizada en sueños,
en nuestros sueños, con sus reglas
y con sus excepciones.
Con sus abreviaturas.

Lo había borrado todo
y comencé otra vez. Un cambio
repentino en la víspera
de las anécdotas,
como en las ocasiones
de esos instantes sin memoria
de los coleccionistas
de voluntades
en la elaboración
de lo obvio, a las que le añadimos
nociones sociológicas

que brotan de conceptos basilares
con la excusa de la objetividad.
Su capa de barniz.

No, no.
No añadirás significados
a la vida, que es un significado
de por sí, dice un mandamiento
no escrito en sitio alguno,
porque una parte desencuadernada
de la magia de la poesía
se halla al reescribirla. Una parte
que sale del vacío,
certera igual que un dardo
que no quiere otra dirección,
sino la dirección opuesta,
la que no esperarías,
la que no sospechaste.

En el papel no te sostienes
y nadie duerme sobre el agua.

Si una margen se activa
con sus pensamientos, el pulso
se precipita y se acelera el tiempo.
En cambio, si otra aguarda
sin moverse, el pulso se aquieta,
el tiempo es lento, nada ocurre.

Parece que desaparece
y en la continuación,
ante el espejo, ¿puedes, quieres, sabes,
te atreverías a romperlo?

Desde la oscuridad tus huellas
buscaban pasos que buscaban
la incierta geografía
de la imaginación,
ese modelo inteligente
de ideas transversales
o método de pensamiento
que por fin abarque la vida.
No, no. No existe.

Veo bien
a oscuras los largos etcéteras
de la intuición
en periodos condicionales
o estratégicos
repitiendo lo que dijiste
y apuntalando lo que hiciste. Toco
los filamentos perpendiculares
de la precariedad
de la pérdida. Trazo
esta emoción sin argumento
desde el temblor del demasiado poco
al abismo del demasiado. Escucho
en el insomnio de las cañerías
olvidadas de dónde vengo.

Yo vengo del pasado y el pasado
sorprendentemente no existe.

Tampoco este acercarse
a los merodeadores
del peligro de la curiosidad
bajo la vigilancia nítida
del cauce, el yacimiento
de ondulaciones en el fondo
de un agujero negro sin paredes
al que le faltan datos,
el optimismo del caudal
frente a tu indefensión.

A imitación de la paciencia,
he pedido al silencio
su lección de silencio.

Alergias y alegrías.

No recuerdo haber encontrado
en los libros una respuesta.

Y si alguna vez vuelves
del otro lado del espejo,
si despiertas de pronto
compartiendo tu sueño con fantasmas,
¿qué harías para repararlo?

Sé bien lo que hice. Lo que dije...

Sólo será verdad si lo recuerdas.

Todavía es verdad y todavía
eres fuerte, resueltamente fuerte,
aunque no te reduces a eso.
No te interesa enmascarar la fuerza,
sino marcar sus límites,
el fin de las preocupaciones
y un intercambio de servicios
de mutuo acuerdo. Tras la calma
llegará la tormenta.
Y finges no saber
que en esta noche de los enemigos,
noche adentro de los relojes,
tendrás que haber estado ciego
para hundirte en la bruma
chapoteando, con la bandera
que el viento ha desgarrado.

Teniéndolo en contra imagino
lo que debe ser a favor.

Estaba solo allí con mi bandera
y la verdad.
Con la aspereza de las cifras
y la verdad.

Con el misterio
de los depredadores.

No hay otra solución,
ni más recursos.
Nadie muestra un camino
que no conoce.

Cuando se trata de problemas
territoriales, a través
de intervalos o de intersticios,
la agencia del adiós lo explica todo.
Cada uno vive de distinta forma.
Cada uno muere de distinta...

Recordarás, por eso,
a las personas que has iluminado,
el fulgor que desprendes
incluso en la distancia,
la espada verde del fulgor.

En la ribera, tus sentidos
van convirtiéndose en raíces,
una ventana en la que ves
el mismo río sin su curso,
los ojos que se clavan
a la corriente de tu sufrimiento
mientras fluye, mirando allí
su lamento obstinado,

la herida más allá
de las ficciones, el repliegue
de los que claman contra
la indignidad, y los honestos
con su historia, en la periferia
de los que tienen
que componérselas con poco,
con palabras.

Tu boca abierta
y las palabras.

Lábil habilidad que ayuda
y distingue,
a renglón seguido,
entre falsas estrellas, las estrellas.

Eso es todo,
pero alguien no estará de acuerdo
con nada, hagas lo que hagas,
nunca estará de acuerdo
con nada, digas de lo que digas.

Sin embargo,
una palabra tuya bastará
para sanarte sin la póliza
del destino, sin la escasez
de los recortes, ese ejemplo
que jamás servirá de ejemplo,

y no pretendes evadirte
culpando a los demás de los propios errores.

Te enfrentarás contigo mismo
y tu yo precedente
no necesitará el pretérito
ni su sustitución, acciones
y operaciones
donde arrojar escombros
como ejercicios de conciencia.

Te enfrentarás con lo ocurrido
sintiéndote otredad
como un modo de protegerte
en un contexto extremo,
saltando entre lo que huye
y lo que te persigue.

Entre ruinas desmoronándose.

Hay un lugar donde estaría
siempre, en la orilla allí observando,
mirando la corriente, mientras fluye.

Y al menos por esa ocasión,
tras esta lucha, aprenderás
su lección de silencio.

BALANZA DE SOMBRAS

AL despertarte, todavía es noche
y tus pasos parecen
furtivos movimientos
en un presente sostenido
sin memoria. No habrá habitaciones
para sentimientos privados
ni recuerdos. No habrá resumen
que sirva o que complete
un viejo sueño dentro de otro sueño
ante las mil observaciones
y no las recomendaciones'
que se debaten devorándose
dentro de tus pupilas,
las arrugas del desaliento
de la realidad aumentada.

Y no habrá sombra o luz
donde esconder,
en otro nivel narrativo,
la suma de las decisiones
que te enmudecen, sus segmentos
según vas acercándote
al azogue y a tu perfil
inexpresivo,
hielo bajo tus pies
y bajo subordinaciones,
de esta imagen que sabe,

en la profundidad de tu mirada,
permanecer en la escritura
y en el anonimato
como en montaje paralelo,
porque es sólo una imagen,
explorando sus huellas sin quedar
allí atrapado, para resolver
problemas, esa lengua
dañada que desglosa
conflictos, aprendiendo
tal vez a manejarlos
crudos e imprescindibles,
en la penumbra absorta
que se aproxima
sin un hábito de continuidad.

Torpes estereotipos
para un autorretrato
sin diálogo posible,
y generosidad que trivializa
en su consumación:
ni por profundidad
la magia podrá protegerte,
ni por añadidura redimirte.

Acción estéril que conduce
a la melancolía, al desencuentro
aleatorio de la materia,
al ejercicio de vivir

el presente, a las leyes del retorno
frente a montañas de conceptos
y de obsesiones
que forjan diferencias, la paciencia
infinita en este acto
de intimidad,
a veces,
aunque no haya nuevos capítulos.

Pero tampoco la creación,
la libertad y el pensamiento,
que nacen de la libertad
de lo fugaz en permanencia,
incluso para cuando tú no vivas,
ante el espejo en esta imagen
de la omisión
que no te pertenecerá jamás
y que desaparece.

Nada se moverá en el valle
hasta que muy despacio
la escarcha comience a fundirse
y a evaporarse al sol.

Voces remotas,
ecos y vaguedades
a la deriva.

Nada se moverá allá afuera
en tiempos de malentendidos,
mientras soportas esa ingratitud
en el fondo del ojo,
desasosiegos, equivocaciones
y el desacuerdo
con la silueta sospechosa
y sin reparación
que va difuminándose
en una encrucijada de tensiones:
no eres lo que te pasa,
sino lo que haces con lo que te pasa.
Soñar no es un proceso
en sí, sino el registro
de una realización.

Tú te detienes y la vida sigue.

Los autolesionados
reclaman dignidad
y respuestas inevitables
desde una justa evaluación
del desempeño de la sencillez
y la inseguridad,
trampa de los ingenuos y los crédulos
de pie quebrado
con sus litigios de abstracción
y sus demandas
en las inmediaciones

del desencanto,
pues sólo les queda eso,
poniéndose en lugar del otro
y sin dejar al otro sin lugar
para romper la simetría.
La culpa en busca de la culpa.

Una vez que se pierde
la confianza, también la de uno mismo,
¿podrá recuperarse?

Quise cambiar el mundo
y ahora sólo espero
salir de aquí con dignidad.

La dignidad para las hojas secas
con su pantalla de autoestima
sin conjeturas ni figuraciones.

Me miro en el espejo
y no veo nada.

La inmensidad vivida
en el espejo deshaciéndose
con nitidez, contra el confuso
relato donde caen los nombres
y los rincones y los escenarios
más cercanos a ese pronóstico
revelador

que a lo que te conviene,
en la frontera de las transiciones,
en la frontera del instinto
hacia esa región nebulosa
que no entendiste
porque no quieres entender
y mucho menos recordar.

La dignidad de las estrellas:
estrellas sin destino
que van desdibujándose.
Mi dignidad es la poesía
entregada a su suerte...

Fui muy benevolente anoche.
Hoy, en cambio, me iré por los senderos
de las palabras clave,
por los tejados, desandando
esas mismas explicaciones
inexplicables de las convicciones,
algo que hubimos aprendido
y algo que habremos olvidado.

Curva de aprendizaje al alba,
pretérito anterior
que acumula retrasos, crece
y encoge, indefinible
en los largos minutos del derrumbe
del pasado entre falsas ruinas.

Toda tu vida huyendo de un pasado
no resuelto que te persigue.
Igual que en tantas cosas,
tendremos que arreglárnoslas.

Lo aceptarás. Y van cayéndose,
con oscuras razones
desenfocadas tras de ti,
las filas de edificios,
multiplicándose
como episodios que se sucedieron
en la angustia de este alto
amanecer, al intentar
mirar tu rostro y no reconocerte
en las malinterpretaciones
de la supervivencia atávica
de un discurso
con pliegues que requiere
una misión para el futuro
y para recordar la vida...
y para recordar la vida.

En la imaginación, la mente
no distingue contornos
y van borrándose
precipitados
al abismo de la renuncia.

Entonces, el protagonista
desde ese umbral
encontrará un objeto mágico,
la huida maestra. ¿Ves?

Tu voz como un cuchillo
de palabras intercambiables
a ráfagas magmáticas
entre modelos de resignación
y recortes impresionistas
o pinceladas zozobrando
en el abismo extremo
de tu garganta, símbolo
del aislamiento puro,
la soledad
desobediente proyectando
en su oquedad el vacío que aceptas
como un mal menor, conviviendo
con él, para aplacar el desatino
que nunca llega tarde.

Aquella herida a la que no pusiste
atención marcará tu identidad.
Una cuestión de identidad,
ser tú.

No un sistema de creencias,
sino luchar por el derecho propio
a la autenticidad

que perdona y olvida
y que no se traduce
automáticamente
en otro conjunto más amplio
y solidario. Identidad
que se fragmenta
debajo de la máscara, ese estuche
bajo investigación
donde guardas alianzas
para las horas sin certeza
al despuntar el día, ese refugio
de indiferenciaciones útiles
de la forma y del contenido.

Las desventuras
y las tribulaciones
que te liberarán
por medio de testigos oculares
y han de volverte fuerte.

En breve, en el ayuno
esta jornada se volverá lánguida.

No habrás interrumpido a nadie
y has de decir que no.
No probarás bocado,
dedicándote a lo que importa.
Como por no encajar, en el efecto
multiplicador de un dolor

que ya no duele,
esos menesterosos incapaces
negándose a sí mismos
en la persecución de sueños
que acaban convirtiéndose
en pesadillas con los puños
cerrados, en el corazón
de las mejores intenciones.

Esa promesa sigilosa
cumpliéndose al inicio
de una salida intermitente
en el camino que debes seguir
solo, en los bordes
de un largo adiós y una lealtad
antigua, esas incógnitas
hacia el crisol
de las palabras discontinuas
en estas letras, en los ámbitos
que se desprenden
de este día a día dudoso
que te aguarda y en ti respira.

Sucedáneo de ese individualismo
agrio de los que se conforman,
preparándote para el tránsito
desde la lentitud
que no has querido ver
en la tierna protesta de la luna.

Y en algunos aspectos se asemeja,
porque la perfección
se logra con la práctica
y porque aquellos elementos
inseguros permiten
tu determinación, la transferencia
cálida de una esfera cuando atrae
a otra y la hace vibrar...

La combustión, la dimensión
que alcanzarás al fin
desempeñando el ciclo
del que no se regresa, con sus fases
de arcilla blanda
y lúdica que se moldea
con las manos, tributo al caos
y a la desposesión.

Vayas a donde vayas,
se debaten ideas y se diluyen
fuerzas insuficientes
entre tus dedos polvorientos.
Unas pocas preguntas
que desvelan el sitio
exacto con su raíz
en el origen de los sueños.

Las fuentes del amanecer
donde arde el aire, un manantial
de alegría, la tinta derramándose
igual que un agua endurecida
de realidad, con leves
particularidades que hablan
de la propiedad de las sombras,
las sombras que heredamos
y nos invaden
y nos olvidan.

Eso sí, esta noche ahuyentó
las esperanzas, cualquier giro
que quede, las únicas esperanzas
como las últimas estrellas,
minúsculas
como las pequeñas estrellas.

Dejemos al pasado donde está,
ahí indeterminadamente
flotando en sus deshielos,
y al eje de los ojos
en las expectativas
del compromiso y del trabajo,
trabajo a la manera de un hogar
de los que no poseen hogar.

La conciencia abstraída
con su carácter falso,

no hecho o tangible,
fuera de las palabras y rodeada
por el aura dorada del misterio
de la ética, eximida en su exterior
de obligaciones
y de responsabilidad
en su sabiduría
y en la contingencia. Una parte
de la verdad es preferible
a ninguna, pionera
que abre las interrogaciones
sin forzar más sentidos,
sedimentándose
en colaboración.

En los sueños y en la verdad
todos estamos en peligro,
porque no hay nada antes del texto.
No tengo pruebas,
pero tampoco dudas.

Y de horizonte a horizonte
descubres por ti mismo
lo que debías de saber.

La luz crecerá poco a poco.
La luz del horizonte se hará clara.

Se quedarán los pájaros cantando
en torno a los alrededores
del victimismo, y tú,
tan pequeño en la extensa
historia universal
de la infamia,
frente a la sumisión definitiva
que te conducirá a la urna.

Tú de algún modo seguirás tu viaje
por las sombras, en esa niebla
de la memoria y de la desmemoria,
y habrás de continuar ese entusiasmo
que en ti no fue quietud,
sino tenacidad
en la contradicción
entre persona y personaje,
y que aquí te sostiene en el poema.

***

ÍNDICE

ACABOSE DE IMPRIMIR ESTE LIBRO

EL 10 DE ABRIL DE 2026